VERS

POVR LA PERSONNE
ET LE PERSONNAGE DE
ceux qui font du Ballet du
Triomphe de l'Amour.

Pour MADEMOISELLE, *Vne des Graces.*

Ans la noble fierté qui doit regner sans cesse
   Au cœur d'vne Princesse,
L'on m'éleve, & déja le sang de mes Ayeux
   Respire dans mes yeux:
Au dessus, à costé de ce qui m'environne
   Tout est Sceptre, & Couronne,
Et nul, à la reserve ou des Dieux, ou des Rois,
   N'est digne de mon choix.
Les Graces avec moy commencent de Paraistre,
   Avecque moy vont croistre,
Et, si jose aux flatteurs ajoûter quelque foy,
   Embellir avec moy.

Pour Mademoiselle de Commercy, *Vne des Graces.*

Vous estes charmante, & blonde,
Vous possedez mille appas,
D'autres qui comme vous ont un rang dans le monde
Parmy les Graces n'en ont pas.

Pour Mademoiselle de Pienne, *Vne des Graces.*

Non, les autres Beautez ne sont point comme vous,

a ij

N'ont point je ne sçay quoy de Doux
Qui trouble un cœur, & l'embarasse:
En vous examinant voila ce qu'on soûtient,
C'est aux Graces qu'il appartient
D'avoir bon air, & bonne grace.

Pour Madame la Princesse Mariamne, *Dryade.*

Sous l'écorce où je me voy
Ie me console, & me croy
Dans le fond de l'Allemagne,
Où mon orgüeil m'accompagne,
Où j'étale mes froideurs,
De titres, & de grandeurs
Fierement envelopée,
De mon seul rang occupée,
Et ne m'attachant qu'à luy,
Non sans un pompeux ennuy.

Pour des Filles de Madame la DAVPHINE. *Dryades.*

C'est nostre sort d'estre peu frequentées,
Et l'on nous laisse ou l'on nous a plantées
On n'ose qu'en passant nous dire un pauvre mot,
Attendons-nous quelqu'un, il nous arrive un sot.
Dafné fut plus heureuse, elle eût un cœur de marbre,
Ou du moins elle s'offensa
Qu'un Amant la suiuit, un Amant l'embrassa
Toutesfois dés qu'elle fut Arbre,
Elle inclina sa teste & luy fit quelque accüeil.

Nous l'avons dans la Fable assés souvent pû lire,
Ou du moins l'aurons-nous peut-estre entendu dire
  A Madame de Monchevreüil.

  Pour les Filles de Madame, Dryades.

Quel dommage! quelle pitié
De nous voir seicher sur le pié!
Nos branches sont bien couvertes,
Ont de belles feüilles vertes,
Où le vent forme un doux bruit,
Ont des fleurs & point de fruit.
Qui n'en seroit indignée,
Et ne voudroit en ce cas
Que le Bucheron vint avecque sa cognée,
Si l'on pouvoit tomber sans faire du fracas?

  Pour Mademoiselle de Chateautiers, Nayade.

Au sortir de la Mer Venus eût-elle osé
Pretendre d'égaler un teint si reposé,
 Tel que jeunesse, & santé vous le donne?
 A voir enfin comme vostre personne
Respire un air poli, net, frais, delicieux,
Où vous sortez des eaux, ou vous venez des Cieux.

  Pour Mademoiselle de Poitier. Nayade.

Qui pourroit entre-voir vos membres delicas
Dans une eau claire & nette, & sur tout peu pro-
 fonde

De sa bonne fortune, & d'eux feroit grand cas,
C'est un morceau friand, s'il en est dans le monde.

Pour Mademoiselle de Rambures, Nayade.

Nayade, je n'ay point l'honneur de vous connaistre,
Il faudroit pour vous dire en effet d'où peut naistre
 En vous certaine langueur,
 Vous avoir pas à pas suivie,
 Avoir esté dans vostre cœur,
 Où je ne seray de ma vie.

Pour les Plaisirs, Representez par Messieurs les Comtes de Brionne, Tonnerre, la Troche, Mimurre, & le Comte de Fiesque.

Que de plaisirs differens
Vont paraistre sur les rangs!
Celuy-là dance à merveille,
Ce que l'autre ne fait pas,
Quoy qu'il forme de beaux pas,
Et ne manque point d'oreille.
L'un est bien fait, grand, & droit,
L'autre a la taille si fine,
Que s'il estoit mal-adroit,
Il payroit de bonne mine.
Celuy-cy descendu de ce fameux Genois
Qui voulut opprimer la liberté publique,
 Fait bien, mais lors qu'il s'applique
 Au soin d'exercer sa voix,

C'est-là sur tout qu'il charme, qu'il enchante,
Et les Rochers le suivent quand il chante.

Pour Monseigneur le Davphin, dansant parmy les Plaisirs.

La foule des plaisirs me suit, & m'environne,
Ie me mesle avec eux, & j'y prends quelque part :
Mais j'aspire à me voir digne d'une Couronne
Où je ne puis jamais parvenir assez tard.

Le beau sexe voudroit occuper mon loisir,
Mais je vay suivre Mars, & ses durs exercices,
Et si l'Amour en moy rencontre son plaisir,
Ie pretends que la Gloire y trouve ses delices.

Comme selon le goust de tout tant que nous sommes,
Les solides plaisirs sont toûjours les meilleurs,
C'en est un de regner dans l'estime des hommes
Long-temps auparavant que de regner ailleurs.

Pour les Guerriers, Representez par les Marquis d'Humieres, de la Roque, de Sainte Frique, & le Marquis de Nangis, les Comtes de Bouligneux cadet & de Roussillon, Monsieur d'Hussé, & Monsieur de Francines.

Tous ces jeunes Guerriers vers la Gloire s'avancent,
Et seroient bien faschez, si l'on ne croyoit pas,
Qu'avecque tant d'adresse à conduire leurs pas,
Ils sçavent mieux encor se battre qu'ils ne dansent.

Pour Monsieur le Prince de Commercy, *Guerrier*.

Dans le Rolle que vous faites
Vous joüez ce que vous estes,
C'est une merveille enfin
Qu'un cœur fait comme le vostre,
Mais s'en feroit bien une autre,
Estant à la gloire enclin,
Brave en un mot, fils de Maistre,
Et du sang dont vous sortez,
Si vous alliez ne pas estre
Ce que vous representez.

Pour Monsieur le Marquis d'Humieres, *Guerrier*.

Que voulez-vous que fasse des Guerriers
Le cœur boüillant quand les choses sont calmes?
Et voulez-vous qu'ils cüeillent des Lauriers
Ou l'on ne voit que Mirthes, & que Palmes?
D'une autre sorte, & par quelque détour.
Il faut vaincre, & tascher d'user de la Victoire
C'est à dire qu'il faut se prester à l'Amour
En attendant qu'on se donne à la Gloire.

Pour Monsieur le Marquis de Rhodes, *Guerrier*.

Brave, & determiné, vaillant, & genereux,
Vos bonnes qualitez à la Cour se répandent,
Vous estes grand, bien fait, l'air sain, & vigoureux,
Noir, & tel que l'Amour, & Vénus les demandent,

Dans

Dans une grande action,
Homme d'expedition,
De bravoûre & de proüesses,
Personne n'en ignore, excepté vos Maistresses.

Pour Monsieur le Marquis de Nangis. *Guerrier.*

D'audace plein,
Sans estre vain,
Ie puis me distinguer en quelque part que j'aille,
Et par ma taille
Aider au gain
D'une Bataille,
La Pique en main.

Pour l'Entrée des Amours.

Tous ces jeunes Amours tendent
A pousser leurs grands projets,
Et tous ces jeunes Objets,
De pied ferme les attendent.

Pour Monsieur l'Admiral. *Amour.*

Ce tendre Amour de l'amour mesme issu,
Et de ses mains par les Graces receu,
Prepare aux cœurs une innocente guerre :
Et plus fier encor qu'il n'est beau,
Non content de briller sur terre,
Iusqu'au centre des mers va porter son flambeau.

B

Pour Monsieur le Marquis d'Alincourt.   *Amour.*

Cet Amour éveillé s'y prend tout de son mieux,
 Et des plus galands en tous lieux
  Imitant les manieres fines,
Couvre de grands projets sous de certaines mines :
Déja de quelques cœurs il exige un tribut.
 Déja pour y faire des bréches.
Il aiguise ses traits, il prépare ses fléches,
 Et déja mesme il a son but.

Pour Monsieur le Comte de Veruë.   *Amour.*

 Si ce n'est l'Amour luy-mesme,
 A sa mine on le croiroit,
 La ressemblance est extréme,
 Et Venus s'y méprendroit.

Pour Monsieur le Comte de Guiche.   *Amour.*

Vous brillerez bien-tost comme un Soleil levant,
 Et dans le monde en arrivant
Aux plus fieres Beautez causerez mille allarmes ;
Mais quãd vous vous croirez digne de tout charmer,
N'allez pas s'il vous plaist, vous-mesme vous aimer,
Et ne vous blessez pas avec vos propres armes.

Pour Mr le Marquis d'Haraucourt de Longueval. *Amour.*

 Vous qui representez l'Amour,
 Et qui pourez aimer un jour,
Craignant qu'une Maistresse à la fin ne vous quitte,
Tenez-la de bien prés sans la quitter d'un pas

Et ne vous en reposez pas
Tout à fait sur vostre merite.

Pour les Dieux Marins, representez par Monsieur le Prince de la Roche sur-Yon, Monsieur le Comte de Brione, Messieurs de Moüy & de Mimurre.

Les froides Nymphes des eaux,
Trouvent ces Dieux marins beaux,
Ou pour mieux dire, estimables :
Dequoy ne viendroient-ils à bout ?
En barbe bleuë ils sont aimables,
Et le sont encor plus n'en ayant point du tout.

Pour Madame la Princesse de Conty. *Nereïde.*

Elle est charmante, elle est divine,
Et brille de vives couleurs
Qu'on ne voit point briller ailleurs,
Pure & blanche comme l'hermine,
Elle efface toutes les fleurs,
Iusqu'aux Lys de son origine.

Pour Mademoiselle de Laval. *Nereyde.*

Ces Dieux Marins ont des charmes,
Qui sont de puissantes armes ;
Mais je les conte pour rien :
Que le plus hardy m'assaille,
Ie me deffendray si bien,
Que je ne prétends pas qu'il m'en coûte une écaille,
Que si l'un d'eux avoit tant de pouvoir,

Il ne viendroit jamais à le sçavoir,
J'aimerois mieux échoüer à la coste,
Que d'avoüer une pareille faute.

Pour Madame la Duchesse de Mortemart. *Nereyde.*

De tous ces Dieux Marins l'audace temeraire
S'efforceroit en vain de tâcher à me plaire,
Elle y réüssiroit fort mal :
Et mon cœur ne s'émeut que quand d'une galere
Ie découvre de loin la Poupe, ou le Fanal.

Pour Mademoiselle de Pienne. *Nereyde.*

Examinons bien la bande
De ces gens si dangereux,
Le seul que l'on apprehende
N'est pas peut-estre avec eux.

Pour Madame la Dauphine.
Nymphe de Diane.

Charmante Nymphe de Diane,
Qui confond tout regard prophane,
Il n'est question sous vos Loix
Ny de flêches, ny de carquois,
Ny d'aller avec vos compagnes
Par les monts & par les campagnes,
Il en faut user sobrement,
Car il importe extrémement
Au bien d'un Empire si vaste
Que vous ne soyez point trop chaste,

Quoy chez vous où tout est si pur,
N'avez-vous pas un moyen sûr,
Un des plus beaux moyens du monde
D'estre honneste & d'estre feconde?
Avec bien moins on vient à bout
De se pouvoir passer de tout.
Demeurez donc comme vous estes
Le modele des plus parfaites,
Fuyez le joug des passions,
Et gardez en vos actions
Cette conduite merveilleuse;
Soyez exacte, scrupuleuse
Sur tout ce que l'honneur deffend,
Mais donnez-nous un bel enfant.

Pour Madame la Duchesse de Sully. *Nymphe de Diane.*

Nymphe toûjours charmante, & d'une humeur tranquille,
Soit qu'il vous faille quelque-fois
Quitter la Ville pour les bois,
Ou quitter les bois pour la Ville,
J'ay pourtant de la peine à me persuader,
Vous qui parez les Bals & les plus grandes Festes,
Que vous soyez bien propre à vous accommoder
D'un long commerce avec les bestes.

Pour Madame la Princesse de Guimené. *Nymphe de Diane.*

La chaste Diane en ses bois,
Nous tient sous de severes loix,

Elle n'admet rien de prophane :
Qu'un mortel nous approche, & nous ose toucher ?
Helas ! que diroit Diane,
Si Diane sçavoit que je viens d'accoucher !

Pour Madame de Grançay. *Nymphe de Diane.*

Vous avez tous les traits d'une beauté Divine,
De beaux yeux, le poil noir, un teint vif & charmant,
Une taille sur tout si legere & si fine,
Que l'on ne vous sçauroit attraper aisément.

Pour Mademoiselle de Gontaut. *Nymphe de Diane.*

Belle Nymphe, avec le carquois,
Vous avez une mine au dessus du vulgaire,
Mais il me semble que les bois
Tous seuls ne vous conviennent guére.

Pour Mademoiselle de Biron. *Nymphe de Diane.*

Des Hommes vous craignez l'abord,
Cependant je vous plaindrois fort,
Si je vous trouvois teste à teste
Dans un bois avecque une beste.

Pour Mesdemoiselles de Clisson & de Brouïlly. *Nymphes de Diane.*

Evitez bien ces gens qui font les doucereux ;
Beaux ou laids, tous sont dangereux,
Et souvent on se perd quand on se les attire :
Deffiez-vous également

De tout ce qui s'apelle Amant,
Soit le Berger, soit le Satyre.

Pour Mr le Comte de Brione, representant Bachus conquerant.

Ce Bachus équipé pour plus d'une conqueste,
Au triomphe des cœurs & des Indes s'apreste :
Son vin est dangereux pour peu qu'on en ait pris,
Il en fera taster à quantité de Dames,
Et par ce vin nouveau qui plaist à bien des femmes,
Donnera dans la teste à beaucoup de Maris.

Pour MONSEIGNEUR LE DAUPHIN, representant un Indien de la suitte de Bachus.

Sur les pas du Vainqueur qui triomphe par tout,
Et qui plus loin que l'Inde établit sa puissance,
Dequoy, jeune Heros, ne viendrez vous à bout,
Et par vostre courage, & par vostre naissance.

Non, rien ne vous égale, il n'en est point de tels
A la suitte du Dieu qui lance le tonnerre,
Aussi ne sçauriez-vous pour le bien des Mortels
Trop long-temps demeurer le second sur la terre.

Marchez apres l'honneur de tous les Conquerans ;
On voit à sa clarté toute clarté s'éteindre,
Bien loin derriere luy surpassez les plus grands,
Il s'agit de le suivre, & non pas de l'atteindre.

Pour Madame la Princesse de Conty, representant Ariane.

Ce n'est point Ariane aux Solitaires bords,

Qui gémit & se plaint d'un Amant infidelle,
Celle-cy ne connoist l'Amour, ny ses remords,
Elle est jeune, elle est pure, elle est vive, elle est belle,
Et le monde, & la Cour ne sont faits que pour elle.

Bacchus est le premier de ceux qu'elle a vaincus,
Bacchus est trop heureux de l'avoir espouzée,
Leur chaine par le temps ne sçauroit estre usée,
Et l'on dira tousiours Ariane & Bacchus,
Mais l'on ne dira point Ariane, & Thesée.

Grecques de la suitte d'Ariane. Pour Mademoiselle de Lislebonne, Grecque.

Belle Grecque, suivez la charmante Princesse,
Où tant de vertu brille avec tant de jeunesse,
Madame vostre Mere y consent-elle pas ?
Elle qui prend le soin d'éclairer tous vos pas.

Vous avez fait sous elle un digne apprentissage
De tout ce qui peut rendre une Princesse sage ;
Iamais les passions n'ont osé l'assaillir,
Mais à son gré la pente est bien douce à faillir.

Pour Madame la Duchesse de Sully. Grecque.

I'excuse les soupirs & les discrettes flâmes,
Et femme je ressemble à la pluspart des femmes
A qui l'on fait plaisir d'encenser leurs appas :
Sur ce qui peut toucher la veritable gloire
  I'y suis Grecque, & ne pense pas
  Qu'on m'en fasse aisément accroire.

Pour

Pour Madame la Duchesse de Mortemart. *Grecque.*

Deux Espoux qui s'aiment fort
Sont separez dés l'abord ;
Luy s'en va faisant sa plainte,
Elle beaucoup plus contrainte
Sous les loix d'un dur devoir,
Pour le suivre, & pour le voir
Dans l'ennuy qui la consomme
Auroit esté jusqu'à Rome ;
Mais c'est bien pis aujourd'huy
Qu'elle est rejointe avec luy,
Cette jeune & fine Grecque
Iroit jusques à la Mecque.

Pour Madame de Segnelay. *Grecque.*

Grecque, ou non, suffit qu'en effet,
Vous avez un esprit bien fait,
Que vous estes bonne, & sincere,
Chose au monde fort necessaire,
Et que peu seurement sur l'apparence on croit :
Car pour belle, cela se voit,
Et saute aux yeux sans qu'on le die :
Toûjours de tout Païs les vertus ont esté,
Mais sans vous j'aurois douté
Qu'il en vint tant du costé
De la Basse Normandie.

C

Pour Mademoiselle de Laval, *Grecque.*

Ie suis fiére à peu prés comme si dans ma main
I'avois l'empire Grec, & l'empire Romain,
Aussi pardessus tout qui se fait mieux connaistre?
A qui ne puis-je pas disputer le terrain?
I'ay l'air grand, le cœur noble, & tout cela pour estre
A la suite d'une autre, & pour grossir son train.

Pour Mademoiselle de Pienne, *Grecque.*

Au plus bel endroit de la Grece
Où d'une fort soigneuse adresse
Tant de Belles pour le besoin
D'un seul estroitement gardées,
Attendent d'estre regardées,
Vous pourriez tenir vostre coin.

Pour Monseigneur le Dauphin.
Representant un Zephir.

Vous vous jouez parmy les fleurs
Qui de mille, & mille couleurs
Pour vous plaire se sont parées!
Mais quoy que vous soyez si tranquile, & si doux,
Les Aquilons, & les Borées,
N'oseroient souffler devant vous.

Jupiter voit avec plaisir
En vous qui n'estes qu'un Zephir
L'impatiente ardeur de vaincre & de combattre:
Et ce que sa foudre a laissé,
Où qu'elle a dédaigné d'abattre
Par vous sera bouleversé.

Pour Monsieur le Prince de la Roche-Sur-Yon.
Zephir.

Zephir tant qu'il vous plaira,
Et soûpire qui voudra
Bien long-temps apres sa proye,
Mais je doute qu'on me voye
Comme ces autres Zephirs
Passer ma vie en soûpirs.

Pour Monsieur l'Admiral, Zephir.

Ce tendre Zephir ne respire
Que d'estre sur le moite empire,
En attendant qu'il se soit renforcé,
Il ne fait que friser la surface des ondes,
Mais il sera connu des Mers les plus profondes,
Et d'un terrible joug Neptune est menacé.

C ij

Pour Monsieur le Marquis d'Alincourt, *Zephir.*

Tout est perdu, si vous sçavez
Le merite que vous avez,
Laissez au reste du monde
Cette science profonde
Soyez-vous dis-je moins sçavant,
De peur que le Zephir ne prenne trop de vent.

Pour Monsieur le Marquis de Richelieu, *Zephir.*

Toûjours ce Zephir
Plus gay que fidelle
Des fleurs à choisir
Prend la plus nouvelle,
Et de belle en belle
Vole son desir.

Pour Messieurs de Moüy & d'Amilton, *Zephirs.*

D'abord ne soufflez-pas prés des jeunes Merveilles
Qui veullent que l'on soit tendre, & respectueux,
Pour peu que vos soûpirs soient vains & fastueux,
Ils ne parviendront plus au cœur par les oreilles.

Pour Monseigneur le Davphin. *Zephir.*
Et pour Madame la Davphine, *Flore.*
qui dançent ensemble.

Soyez tous deux amoureux, & constants,
Soyez tous deux les Maistres du Printemps.

Ieune Zephir, qui soupirez pour Flore,
Faites-nous part de quelque rejetton,
Hastez ce tendre & ce premier bouton
Que de vous deux l'Amour doit faire éclore :
  Menagez des momens si doux ;
  Que les Ieux, les Ris, & les Graces
  Ne se separent point de vous,
  Et marchent toûjours sur vos traces.

Soyez tous deux amoureux & constans,
Soyez tous deux les Maistres du Printems.

Pour vos plaisirs, désja tout se prepare.
Et dans nos Bois qui redeviennent verds,
Tous les Oyseaux prennent des tons divers,
L'air se parfume, & la terre se pare
  Ainsi que vos pas, que vos cœurs
  Soient dans une juste cadance,
  Et que par vous apres les fleurs
  Viennent les fruits en abondance.

Soyez tous deux amoureux, & constans,
Soyez tous deux les Maistres du Printems.

Et dans vos yeux, & sur vostre visage
Nous apparoist ce qui nous flatte tant,
Et du beau don que l'Vnivers attend
Nous voyons luire un bien-heureux presage.

C'est pour avancer de tels fruits
Que l'amour & les Destinées
Composent de si douces Nuits,
Et font de si belles journées.

Soyez-tous deux amoureux, & constans,
Soyez-tous deux les Maistres du Printems.

SVITE DE FLORE. Madame la Duchesse de Sully.

A la Déesse Flore il faut offrir nos cœurs,
Acquittons des devoirs pressans comme les nostres,
Mettons-luy sur le front des Couronnes de fleurs,
    Elle n'en veut point d'autres.

Pour Madame la Duchesse de la Ferté.

Il n'est point de Beauté qui soit si naturelle,
Vous la voyez briller des plus vives couleurs;
Et lors que le Printemps aura perdu ses fleurs,
    On les peut retrouver chez-elle.
Mais seroit-elle ainsi sous les armes pour rien?
Il faut qu'elle ait au cœur quelque petite chose,
Si l'Amour vouloit il nous le diroit bien;
    Mais le pauvre Enfant n'ose.

Pour Madame la Princesse de Guimené.

Vostre bonne fortune a passé vostre attente
D'avoir pû resister aux terribles douleurs
Qui des fruits de l'Hymen corrompent les douceurs,

Mais vostre beauté s'augmente ;
Voila ce qui s'appelle un serpent sous des fleurs,
Et l'on n'est pas tousiours également contente.

Pour Madame la Marquise de Segnelay.

Avec une Moitié dignement assortie,
Ie goûte un bonheur pur que je fais en partie,
 Ce ne sont que fleurs sous nos pas,
 Tout nous plaist, rien ne nous chagrine,
Ou si parmy ses fleurs se trouve quelque espine,
Elle picque si peu, que l'on ne s'en plaint pas.

Pour Mesdemoiselles de Loube & de Clisson.

Belles, vous possedez de si tendres apas,
Qu'il semble qu'eux & vous ne fassiez que d'éclore,
Il faut que vous soyez de la suite de Flore,
A voir toutes les fleurs qui naissent sur vos pas.

Pour les Songes, Representez par Monsieur le marquis de Richelieu, Monsieur d'Humieres, Mr de Mirepoix, Monsieur le Comte Dautel, & Mr de Francines.

Avx Belles avec adresse,
Inspirez de la tendresse
Et faites leur sentir ce que vous meritez :
Que dans vos yeux elles lisent,
Quelquefois les Songes disent
De solides veritez.

Si vous n'allez au cœur par vostre passion,
Echauffez pour le moins l'imagination
Des Belles contre vous quelquefois en colere :
Elles vous recevront sans s'en appercevoir,
Et par tous les talens que vous avez pour plaire !
 SONGES, songez à vous pourvoir.

Pour Mademoiselle de Nantes, Representant la Ieunesse.

Que de naissantes fleurs ! ô que cette Princesse
  Represente bien la Ieunesse !
Et qu'elle aura de grace & de facilité
  A representer la Beauté !
Heureuse de pouvoir un jour estre fidelle
  A tous les traits de son Modelle.

www.ingramcontent.com/pod-product-compliance
Lightning Source LLC
Chambersburg PA
CBHW060453050426
42451CB00014B/3309